„Lieblich zum Auge,
gewinnend zum Herzen."

Johann Heinrich Voss

DIE GESCHICHTE DES EUTINER SCHLOSSES

Schloss Eutin liegt auf einer Landzunge im Großen Eutiner See mitten im Schlossgarten. Ein Wassergraben und der Schlossplatz trennen es vom Städtchen. Aus einer mittelalterlichen Burg hat sich im Laufe der Zeit eine barocke Schlossanlage mit vier Flügeln, zwei Ecktürmen und einem Torturm entwickelt. Die rote **Backsteinfassade** vermittelt noch einen burgartigen Eindruck. Im Inneren aber befinden sich prachtvolle Schlossräume mit originaler Ausstattung. Im italienisch anmutenden Innenhof plätschert ein Brunnen.

Die achthundertjährige Geschichte des Schlosses ist eng mit der wechselvollen Vergangenheit des kleinen Staates der **Fürstbischöfe von Lübeck** verbunden. Es gab oft Verwicklungen mit der großen Politik zwischen den deutschen Fürsten, den skandinavischen Königreichen und Russland.

1156 schenkte der Sachsenherzog Heinrich der Löwe dem Lübecker Bischof **300 Bauernhöfe** in und um Eutin. Deshalb erbaute der Bischof hier ein erstes steinernes Haus mit Scheunen, um die Abgaben seiner Bauern lagern zu können.

1274 erhob der Kaiser die Lübecker Bischöfe zu **reichsunmittelbaren Fürsten**. Ihr Land war dadurch unmittelbar dem Kaiser unterstellt und sie wurden von den Herren des umgebenden Herzogtums Holstein unabhängig. Die Ländereien des Fürstbistums bildeten aber **kein zusammenhängendes Landesgebiet**. Sie lagen zerstreut zwischen den Gebieten der Holsteiner. Die Stadt Lübeck selber gehörte

Südfassade des Eutiner Schlosses aus dem Schlossgarten

nicht zum Hochstift Lübeck, sie war ebenfalls eine freie Reichsstadt. Bischof Burkhard von Serkem verlegte den Wohnsitz des Bischofs nach Eutin. Er hatte um 1300 einen heftigen Streit mit den selbstbewussten Lübecker Kaufleuten und konnte deshalb nicht weiter in der Hansestadt leben. Das steinerne Haus wurde ausgebaut und mit allerlei Schmuck und Zierrat verschönert.

Die nachfolgenden Bischöfe errichteten weitere Bauten auf der Schlosshalbinsel. Langsam entwickelte sich eine **mittelalterliche Burganlage**. Kurz vor 1350 wurden die Hauptgebäude mit einem Wassergraben umgeben und der wehrhafte Rundturm errichtet. Die Torseite verstärkte man für Verteidigungszwecke mit dicken Mauern.

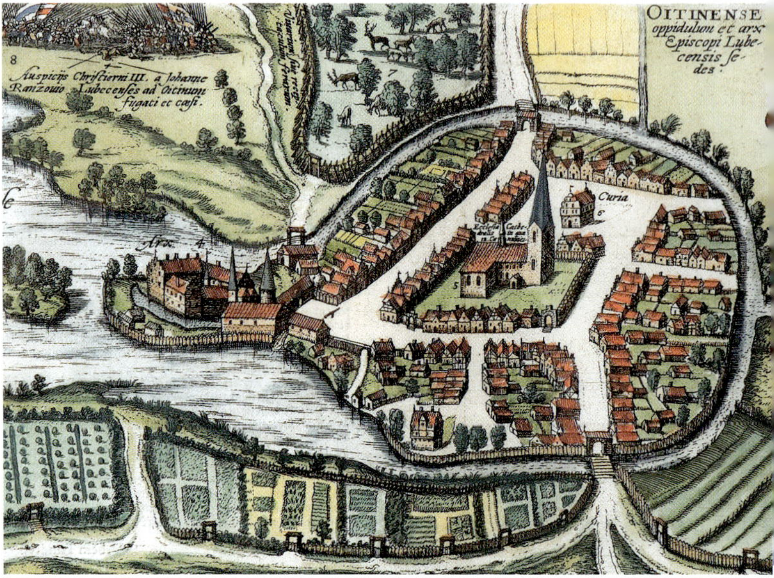

Ansicht der Burg und der Stadt Eutin mit Wildgehege um 1586. Ausschnitt aus der Gesamtansicht „Eutin“ der Kupferstichserie „Theatrum urbium“ von Georg Braun und Franz Hogenberg

Die erste Ansicht von Burg und Stadt Eutin zeigt der **Kupferstich „Theatrum urbium“**. Es sind vier einzelne Häuser um einen Innenhof herum zu erkennen. Der alte Torturm mit spitzer Haube wurde später umgebaut. Der Rundturm stand noch alleine und ohne seine charakteristische „welsche Haube“. Die Burg war mit einem Zaun umgeben. Vor dem Torturm stand die große Scheune und am Zaun die kleineren Wasch-, Brau- und Gärtnerhäuschen.

Während der **Reformationszeit** traten auch die Fürstbischöfe zum evangelischen Glauben über. Das Fürstenamt war jedoch immer noch nicht erblich, der Landesherr wurde weiterhin von den geistlichen Domherren gewählt. Im

Jahre 1586 wurde erstmals ein Sohn aus dem **Fürstenhaus Schleswig-Holstein-Gottorf** zum Fürstbischof ernannt. Das Domkapitel erhoffte sich politischen Beistand durch das mächtige schleswig-holsteinische Adelsgeschlecht, der sich jedoch nur bedingt einstellte: Schloss und Stadt Eutin erlebten im Durcheinander des **Dreißigjährigen Krieges** viele Zerstörungen.

Davon unbeeindruckt baute Fürstbischof Hans in dieser Zeit das Schloss weiter aus. 1616 ließ er für den Zugang zum großen Festsaal einen Treppenaufgang mit repräsentativem Sandsteinportal einbauen. Außerdem wurde die Schlosskirche zweigeschossig umgebaut. Der quadratische Nordturm kam hinzu, die Toreinfahrt wurde vergrößert und der Torturm dabei erhöht. Die Räume wurden ausgemalt und mit teilweise vergoldeten Stuckaturen, teuren Ledertapeten oder anderen kostbaren Wandbespannungen versehen.

Zugang zur herzoglichen Wohnung

Am Ende des Dreißigjährigen Krieges 1648 blieb das **Lübecker Fürstbistum** als einziges protestantisches geistliches Territorium im Reich erhalten. Zu dieser Zeit wurde zwischen dem Lübecker Domkapitel und dem Haus Schleswig-Holstein-Gottorf vereinbart, dass die nächsten sechs Fürstbischöfe aus diesem Fürstengeschlecht gewählt werden sollten. Die Gottorfer Herzöge konnten damit immer einen ihrer nachgeborenen Söhne standesgemäß in das Lübecker Bischofsamt einsetzen und ihn damit mit dessen Einkünften gut versorgen. Als Gegenleistung akzeptierte der Herzog, dass das Fürstbistum Lübeck selbstständig blieb.

Am 27. Oktober 1689 vernichtete ein verheerender **Brand** große Teile des Schlosses und der wertvollen Einrichtung. Das Aussehen des wiederaufgebauten Schlosses zeigt die Zeichnung des Hofbaumeisters Rudolph Matthias Dallin von 1717.

Von 1717 bis 1727 baute Fürstbischof Christian August das Schloss um. Die Wohnräume des Herzogspaares wurden auf die hellere und wärmere Südseite mit Ausblick auf den Garten verlegt. Die zuvor dort untergebrachten Dienstbotenzimmer wurden im neuen zweiten Obergeschoss eingerichtet. Die heute vorhandenen **Wandbespannungen**, **Stuckdecken** und **Holzfußböden** sind zu dieser Zeit eingebaut worden. Außerdem wurden Kachelöfen errichtet, da das Heizen mit offenen Kaminen als unbequem empfunden wurde. Als Abschluss der Baumaßnahmen wurde die gesamte äußere Fassade neu mit roten **Ziegeln** verblendet.

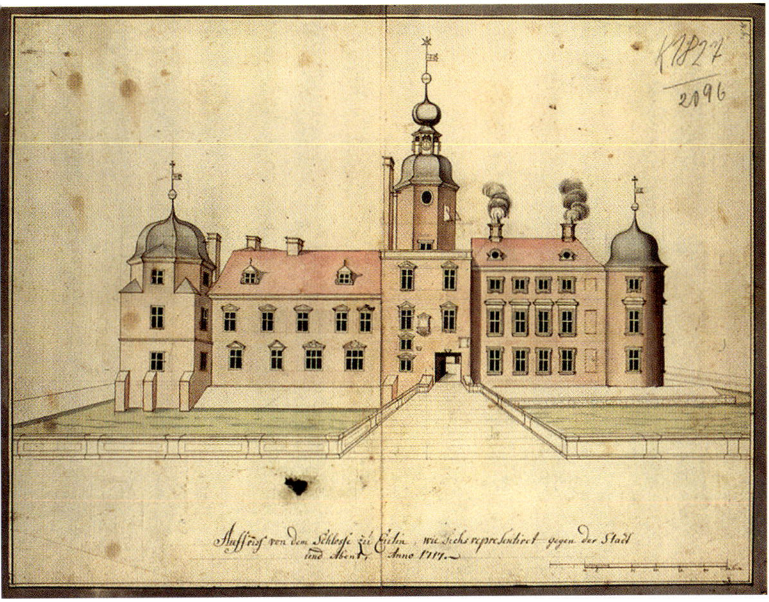

Zeichnung von Hofbaumeister Dallin, 1717.
Ansicht der Westfassade des Schlosses

Der größte Teil des 18. Jahrhunderts war ein ruhiger Zeitabschnitt für Eutin. Das Leben bei Hofe wurde beschrieben als „streng protestantisch und antikatholisch sowie friederizianisch und antihabsburgisch, und vor allen Dingen etwas eintönig“. In dieser Zeit entstanden aber die wichtigen **Verbindungen nach Russland.** Zarin Elisabeth bestimmte den verwaisten Sohn ihrer Schwester Anna Petrovna und des Gottorfer Herzogs zum russischen Thronfolger. Dieser heiratete 1745 Prinzessin Sophie Friederike von Anhalt-Zerbst-Dornburg. Sie war die Enkelin des Eutiner Fürstbischofs und als Kind deshalb ein paar Mal im Eutiner Schloss zu Besuch. Mit ihrem Übertritt zum russisch-orthodoxen

Flüchtlinge im Rittersaal 1948

Glauben kurz vor der Hochzeit erhielt die Prinzessin ihren neuen Namen Katharina. Sie wurde später Zarin und als einzige Frau in der Geschichte „die Große“ genannt (vgl. Abb. auf dem hinteren Umschlag).

Zur Lösung von Streitigkeiten um die Herzogtümer Schleswig und Holstein handelte Zarin Katharina 1767 und 1773 mit Dänemark komplizierte **Verträge über Erbverzicht und Ländertausch** aus. Beide Herzogtümer wurden an den dänischen König abgetreten. Den Fürstbischöfen von Lübeck wurde im Gegenzug das **Herzogtum Oldenburg** übertragen. Sie waren daher nun auch Herzöge und später sogar **Großherzöge von Oldenburg**. Gleichzeitig blieben sie Fürstbischöfe von Lübeck und führten beide Herrschaften in Personalunion. Da die Regierungsgeschäfte in Oldenburg (in Niedersachsen) umfangreicher waren, wurden der Regierungssitz und damit der Hauptwohnort 1803 dorthin verlegt. Die herzogliche Familie verbrachte aber in den folgenden Jahrzehnten oft Erholungsphasen in Eutin. Die Jagd, Kutschenausflüge und Vergnügungen im Schlossgarten waren beliebte Zeitvertreibe.

Ab 1871 war das Großherzogtum Oldenburg einer der 25 Bundesstaaten des Deutschen Kaiserreiches. In den revolutionären Wirren nach dem Ersten Weltkrieg dankte Großherzog Friedrich August 1918 ab. Er verzichtete für sich und seine Nachkommen auf die Thronfolge, um einen Bürgerkrieg zu verhindern. Das Großherzogtum Oldenburg und sein Eutiner **Landesteil Lübeck** wurden als **Freistaat Oldenburg** Teil des deutschen Reiches zur Zeit der Weimarer Republik. Ab 1937 gehörte der Landesteil Lübeck zu Preußen und seit der Gründung der Bundesrepublik Deutschland zu Schleswig-Holstein.

Im Zweiten Weltkrieg beschlagnahmte die Wehrmacht mehrere Räume des Schlosses. Im August 1943 zogen 160 ausgebombte Bewohner eines Hamburger Altenheims ein. Mit nur vier Toiletten, ohne Badezimmer und Elektrizität waren die Lebensbedingungen für die Senioren sehr hart. Als in den Jahren 1944/45 die großen Flüchtlingsströme aus den Ostgebieten einsetzten, wurden auch alle übrigen Räume zur Unterbringung von zusätzlich **240 Flüchtlingen** genutzt.

Nachdem alle Flüchtlinge Mitte der 1950er Jahre ausgezogen waren, entschloss sich die herzogliche Familie zu umfangreichen Sanierungsmaßnahmen. 1957 waren die ersten sechzehn Zimmer des Schlosses restauriert und es konnte ein **Museum** eröffnet werden. Seit 1967 steht das Schloss unter **Denkmalschutz**. Die heutige Stiftung Schloss Eutin wurde 1992 gegründet: Damals entschied das Haus Oldenburg, Schloss und Schlossgarten in eine Stiftung einzubringen, da die private Unterhaltung nicht mehr zu leisten war. Das Land Schleswig-Holstein verpflichtete sich zur Übernahme der Kosten für die notwendige Generalsanierung, die 2006 abgeschlossen wurde. Die Veränderungen gehen aber noch immer weiter: Seit 2014 wird an einer modernen Neuausrichtung des Museums gearbeitet, um auch zukünftig für Besucher attraktiv zu bleiben.

PROBLEME EINES HOFBAUMEISTERS

Hofbaumeister Dallin hatte in der zehnjährigen Umbauzeit mit vielen praktischen Problemen zu kämpfen. Einmal standen im Sommer keine Backsteine zur Verfügung, weil sie durch Frost unbrauchbar geworden waren, ein anderes Mal hielt der Hofbaumeister den Segeberger Kalk für die Stuckarbeiten im Rittersaal für „zum Außweißen des Tanzsaales garzu grau". Er bestellte Gotländer Kalk, dessen Transport aber viel länger dauerte.

Und schließlich musste das undichte Kupferdach des eckigen Turms erneuert werden. Die darunter liegende Bibliothek war durch eindringendes Wasser stark beschädigt worden. Die Reparaturen konnten aber erst mit langer Verzögerung begonnen werden, weil keine geeigneten Handwerker für die komplizierten Dachdeckerarbeiten an der geschwungenen Konstruktion gefunden werden konnten.

EINGANG UND INNENHOF

Die „Eutiner Schlossaffen" 1

Zwei steinerne Tierfiguren bewachen die Brücke über den Schlossgraben (vgl. die vordere, innere Umschlagklappe). Es sind ägyptische **Fabelwesen**, die angeblich einen Hundekopf haben, aber eher Affen ähneln und einen Gott verkörpern. Die 2000 Jahre alten Vorbilder wurden 1883 bei Ausgrabungen des antiken Isis-Tempels in Rom gefunden. Der Oldenburger Hofbildhauer sah die Skulpturen in Rom und war so begeistert, dass er sie für den Großherzog nacharbeitete.

Stadtseite des Schlosses mit den beiden Ecktürmen und dem Torturm, Nr. 1 = Schlossaffen, Nr. 2 = Roland

i Mit Hilfe der in Klammern gesetzten Ziffern kann die Lage der Räumlichkeiten auf den Grundrissen in der vorderen Umschlagklappe nachvollzogen werden.

Die Rolandsfigur ❷

Die vollbärtige Figur von 1583 links neben dem Tordurchgang ist wahrscheinlich der **Eutiner Roland**. Er ist das Zeichen für die Markt- und Gerichtsrechte mittelalterlicher Städte und stand deshalb auf Marktplätzen vor Rathäusern. An einer Schlossfassade ist dieses Symbol bürgerlicher Rechte daher fehl am Platze. Wann und warum die Figur hier angebracht wurde, ist nicht belegt. Bei der Figur an der Außenmauer handelt es sich um eine Kopie. Das stark verwitterte Original hängt geschützt im Schlossflur.

Der Innenhof ❸

Die Fassaden des Innenhofs sind im originalen rötlichgelben **Farbton** gestrichen. Er sollte italienisch wirken.

Die unterschiedlichen Verzierungen der vier größeren **Eingangstüren** spiegeln die verschiedenen Ausbauzeiten des Schlosses wieder. Das Portal mit Sonnenuhr darüber ❹ entstand 1616, als eine Treppe zum Rittersaal angelegt wurde. Über der Tür bildet ein Männerkopf mit der damals üblichen Haar- und Barttracht den Abschluss der barocken Verzierung. Die Tür gegenüber ❺ war der Eingang in die Wohnräume. Zwei Löwen halten deshalb das herzogliche Wappen (vgl. Abbildung auf Seite 5). Das griechisch anmutende Portal ❻ bildet den direkten Zugang zur Schlosskirche. Das Rundbogenportal ❼ zeigt über der Tür die Freimaurerzeichen Kelle, Winkel, Lot und Zirkel.

Innenhof mit Zugang zur Schlosskirche (hinten rechts) und zu den Wohnräumen (vorne rechts)

Die dreieckigen Giebel über den Fenstern umschließen **Masken** aus Gips. Die Motive wiederholen sich: Es gibt Löwenköpfe mit wallender Mähne, Fratzen, die schelmisch die Zunge herausstrecken, rundliche Frauenköpfe mit Kopftüchern oder mit kleiner Krone und Männerköpfe mit Bärten und Bischofsmütze.

Maske – Fratze streckt Zunge heraus

Der **Springbrunnen** nach italienischem Vorbild wurde im 15. Jahrhundert als Wunder bestaunt. Die einfachen Leute glaubten, dass Wasser spränge entgegen der Schwerkraft nach oben. Sie erklärten sich das damit, dass der Hausherr ein Bischof sei und wohl Wunder bewirken könne.

DIE SCHLOSSKIRCHE 8

Bereits seit 1293 befindet sich die Schlosskirche an ihrem heutigen Platz. Sie war der Jungfrau Maria und dem Apostel Bartholomäus geweiht, denn Bischof Burckhard hatte von einer Romreise entsprechende Reliquien mitgebracht. Die Kirche wurde nach dem Brand von 1689 als erstes wieder aufgebaut und bereits 1694 neu geweiht. Die zweigeschossige **Emporenkirche** ist damit der älteste erhaltene Raum des Schlosses. Die schlanken Säulen und die Vertäfelung der Empore sehen nur aus wie Marmor, sind aber aus bemaltem Holz. Die Balken sollten nicht „so bäurisch in die Augen fallen“, wie Hofbaumeister Dallin anmerkte.

Die Hofgesellschaft musste an den langen Gottesdiensten stehend im kalten Kirchenraum teilnehmen. Sitzgelegenheiten gab es hier früher nicht. Ältere, adelige Damen und hochrangige Gäste saßen oben auf der Empore, dem sogenannten **Damenkirchenstuhl**. Der Herzog nahm im beheizbaren **Fürstenstuhl** über dem Altar Platz. Dessen Fenster können mit Hilfe von Lederriemen hoch- und runter gezogen werden. Über dem Fürstenstuhl stehen die **zwölf Apostel**. „Putten" genannte Engelchen tragen das herrschaftliche Wappen.

Das **Altargemälde** ist eine Kopie der Radierung „Kreuzabnahme" von Rembrandt. Der von Theodor Allers geschnitzte **Rahmen** besteht aus vergoldetem Lindenholz.

Die Schlosskirche mit Altar, Fürstenstuhl und geschnitzten Apostelfiguren

Orgel und Kanzel mit Sanduhr

Die Leidenswerkzeuge Christi, wie Kreuz, Lanze, Nägel und Dornenkrone sind auf dem glatten inneren Rahmenteil abgebildet. Am oberen Querbalken halten zwei Putten die Krone und die Bischofsmütze als Symbole für die fürstliche und bischöfliche Macht des Fürstbischofs.

Das Gehäuse der **Orgel** stammt noch aus den Jahren 1693/94. Es wurde vom bedeutenden Orgelbauer **Arp Schnitger** angefertigt. Das Klangwerk wurde allerdings 1862 erneuert. Auf diesem Instrument hat auch der Hofkapellmeister Franz Anton von Weber gespielt. Sein Sohn war der später weltberühmte Komponist **Carl Maria von Weber**. Er wurde 1786 in Eutin geboren und in der Schlosskirche getauft.

HERDER UND DIE SANDUHR AN DER KANZEL

Auf der Kanzel steht eine alte Sanduhr. Zu Beginn einer Predigt musste der Pastor sie umdrehen und sollte dann fertig sein, wenn der Sand durchgelaufen war. So wollte man verhindern, dass die Predigten allzu lange dauerten.

Von der Kanzel hat auch der Dichter und Philosoph **Johann Gottfried Herder** einige Male gepredigt. Er war als Erzieher für Herzog Peter Friedrich Wilhelm an den Eutiner Hof berufen worden. Herder begleitete den Erbprinzen als Reiseprediger und Lehrer auf einer Bildungsreise durch Europa. Der junge Herzog musste die Reise wegen seiner psychischen Erkrankung jedoch vorzeitig abbrechen. Herder gab daraufhin seine Anstellung am Eutiner Hof auf.

DIE PRUNKRÄUME IM ERSTEN GESCHOSS

Der Tischbein-Flur 9

Im Flur des ersten Stocks hängen fünf große Gemälde des berühmten Malers **Johann Heinrich Wilhelm Tischbein**. Sie zeigen Szenen aus den Erzählungen des griechischen Dichters Homer. Tischbein war von 1809 bis 1829 Hofmaler in Eutin. Er wird wegen seines bekannten Porträts von Goethe in Italien auch der „Goethe-Tischbein" genannt.

Auf dem Gemälde „Helena und Menelaos" aus dem Jahre 1816 ist der Augenblick nach der Eroberung Trojas eingefangen. Menelaos trifft seine untreue Gattin Helena wieder. Er will sie eigentlich töten, lässt aber, betört von ihrer Schönheit, sein Schwert fallen und nimmt sie wieder als seine Gattin an. Aus Angst vor den heranstürmenden Kriegern kauert sich Helenas Dienerin schutzsuchend an den Altar einer Göttin. Die Legende erzählt, dass Lady Hamilton, die berühmte Geliebte des englischen Seehelden Lord Nelson im Antlitz beider Frauen des Gemäldes verewigt sei. Tischbein soll, ebenso wie Admiral Nelson und Goethe, die Lady angebetet haben.

Tischbein-Gemälde „Helena und Menelaos in Troja“

Das Strackzimmer (10)

In der damals bevorzugten ersten Etage liegen seit der Umbauzeit Anfang des 18. Jahrhunderts die Wohn- und Schlafräume der Herzogin. Der erste Raum beeindruckt durch Gemälde, eine reiche Stuckdecke, prächtiges Mobiliar und einen russischen Kronleuchter. Es ist das **Audienzzimmer**, das so genannte „Strackzimmer". Benannt wurde es nach **Ludwig Phillip Strack**. Er war ein Vetter von Johann Heinrich Wilhelm Tischbein und seit 1798 Hofmaler und Leiter der Gemäldesammlung in Eutin.

Das große Gemälde, das ein **Stillleben** zeigt, wurde wohl eigenhändig von Zarin Katharina der Großen geschaffen. Die Zarin malte zur Entspannung und hatte in ihren Schlössern Ateliers eingerichtet.

AUDIENZ AUF DEM FUSSBODEN

Neue Beamte oder Gutspächter mussten sich vor ihrem Amtsantritt in vorgeschriebener Hofuniform beim Großherzog im Schloss vorstellen. Eines Tages erschien ein neuer Gutspächter zur Audienz bei Herzog Nikolaus Friedrich Peter. Er rutschte jedoch auf dem auf Hochglanz polierten Parkett aus und landete auf dem Fußboden. Der Großherzog wollte ihm zu Hilfe kommen und glitt dabei selber aus. Beide Herren saßen dann fröhlich lachend auf dem Fußboden. Ob allerdings auch die Audienz dort abgehalten wurde, ist nicht überliefert.

Stillleben von Zarin Katharina der Großen

Der Rote Salon

Der Rote Salon 11

Der Rote Salon hat seinen Namen von der wertvollen, seidenen, mit Goldfäden durchwirkten **Wandbespannung** erhalten. Er war das **Wohnzimmer** der Herzogin.

Hier hängen vier Familienporträts. Auf dem rechten Gemälde an der rechten Wand ist Herzog Adolf Friedrich porträtiert. Er wurde 1750 zum schwedischen Thronfolger gewählt und musste deshalb sein Amt als Fürstbischof von Lübeck an seinen jüngeren Bruder abtreten. Seine Gemahlin Prinzessin Luise Ulrike von Preußen zeigt auf dem **Pendantgemälde** daneben mit einer Hand auf ihre Krone, um auf ihre hohe Herkunft hinzuweisen. Sie war die Schwester Friedrichs II. von Preußen, des „Alten Fritz". Die Kronen auf den Goldrahmen der Gemälde deuten auf die königliche Würde der beiden hin.

Adolf Friedrich und Luise Ulrike von Schleswig-Holstein-Gottorf

Christian August und Johanna Elisabeth von Anhalt-Zerbst, die Eltern der Zarin Katharina der Großen

An der linken Wand befinden sich die Porträts der Eltern von Zarin Katharina der Großen. Es sind Herzog Christian August von Anhalt–Zerbst und seine Gemahlin Johanna Elisabeth. Sie war die Tochter des Eutiner Fürstbischofs Christian August, und wuchs im Eutiner Schloss auf.

Ihre drei Brüder waren Fürstbischöfe in Eutin. Insgesamt hatte die Fürstin zehn Geschwister. Johanna Elisabeth hat ihre Tochter nach Russland begleitet und dort auch mehrere Jahre gelebt. Die Krönung der Tochter zur Zarin hat sie aber nicht mehr persönlich miterlebt. Die Fürstin hatte sich durch Intrigen am russischen Hof so unbeliebt gemacht, dass sie mehr oder weniger ausgewiesen worden war und nicht zurück kommen konnte.

STAATSROBEN MIT HERMELINFELL

Die aus dem 18. Jahrhundert stammenden Gemälde zeigen die Herrscherpaare in prächtiger Staatskleidung. Die Umhänge waren mit dem wertvollen, weißen Winterfell von ca. 800 **Hermelinen** gefüttert. Als spezielle Zierde wurden die schwarzen Schwanzspitzen aufgenäht. Nur adelige Familien durften Hermelinfelle tragen und mussten dafür eine Sondersteuer zahlen. Das weiße Fell galt als Symbol der Reinheit und Makellosigkeit und damit als Zeichen fürstlicher Herrschaft.

Das Europazimmer 12

Das Europazimmer war das Schlafzimmer der Herzogin und ist einer der schönsten Räume des Schlosses. Zwei französische **Empire-Leuchter** rahmen die wertvolle **Boulle-Uhr** auf der Kommode und die Porträts der jungen Zarin Katharina II. und ihres Ehemanns Zar Peter III. Die Gemälde zeigen die beiden im Alter von 14 und 15 Jahren als sie heirateten.

Das Europazimmer wurde nicht nach dem Kontinent sondern nach dem Motiv des Deckengemäldes so benannt: Es zeigt den **„Raub der Europa“**.

Porträts der Zarin Katharina II. und des Zaren Peter III. mit Boulle-Uhr und Empire-Leuchtern

RAUB DER EUROPA

)er höchste griechische Gott ·eus hatte sich in die Prinzesin Europa verliebt. Sie lebte n der asiatischen Küste. Aus \ngst vor der Rache seiner Ehe-rau verwandelte Zeus sich in :inen weißen Stier und ent-ührte Europa über das Mittel-neer zur Insel Kreta. Der Göt-:ervater verwandelte sich auf <reta in menschliche Gestalt :urück und zeugte mit Europa drei Söhne, die dann Halbgötter waren. Auf Grund einer Verheißung der Göttin Aphrodite wurde dieser Erdteil deshalb nach der Prinzessin benannt. Das Deckengemälde zeigt den blumenbekränzten, zu Europa aufblickenden weißen Stier. Europa ist dabei, sich auf dem Rücken des Stieres niederzulassen. Zwei Dienerinnen eilen herbei, um ihr zu helfen.

Personifikation von Asien

Attribute Europas

Attribute Asiens

Die barocke **Stuckdecke** wurde 1721 von italienischen Handwerkern geschaffen. Die Frauen, die auf dem unteren Rand der Decke sitzen, stellen die zu damaliger Zeit bekannten vier Erdteile dar. Auf der Fensterseite zeigt sich **Europa** mit der Kaiserkrone und Turm, Pferd und Waffen als Zeichen der Macht und Stärke des „alten Kontinents". Zu Europa gehört das linke, ovale Eckgemälde, auf dem ein Globus, ein Zirkel und Bücher zu sehen sind. Diese Symbole wurden Europa als dem Kontinent von Wissenschaft und Weisheit zuerkannt.

Über dem Kamin reitet **Asien** auf einem Kamel, mit einem Pflanzenbündel in der Hand und einem Räuchergefäß neben sich. Tiger und Porzellan im Eckgemälde sind die asiatischen Kennzeichen. **Amerika** wird

Personifikation von Europa

durch eine nackte Figur mit Pfeil und Bogen symbolisiert, an deren Seite ein Kaiman hockt. Gegenüber sitzt eine ebenfalls nackte „Eingeborene" neben einem Löwen. Sie symbolisiert **Afrika**. Diese Frau trägt als Mütze einen Elefantenkopf mit Rüssel und Stoßzähnen. Sie hält einen Skorpion in der hocherhobenen Hand.

Personifikation von Amerika

Personifikation von Afrika

Vier ovale **Stuckmedaillons** jeweils links und rechts von Europa und Asien zeigen die vier Tageszeiten und die damit verbundenen Tätigkeiten. Links von Asien befindet sich beispielsweise eine Putte mit dem Abendstern auf dem Kopf. Die Sonne geht am linken Bildrand, also im Westen, unter. So wird der **Abend** verdeutlicht. Rechts von Europa schläft ein Engelchen im Mondschein. Es ist **Nacht**.

In einer Ecke des Zimmers gibt es eine in der Wandbespannung **versteckte Tür**, die zu einer Wendeltreppe führt. So kommt man unbemerkt auf die Terrasse hinunter und bis in das zweite Obergeschoss hinauf. Die Treppe verband dadurch unmittelbar die Schlafzimmer von Herzog und Herzogin.

Im angrenzenden runden Turm liegt der ehemalige **Schreib- und Teesalon** der Herzogin. Er dient heute als Trauzimmer 13.

DER ZWECK VON PORTRÄTS

Über den Zweck eines Porträts schreibt Zarin Katharina die Große in ihren Memoiren: „Meine Großmutter ließ mich von dem berühmten Denner malen. General Korff ließ sich von dem Bilde eine Kopie machen und nahm sie mit nach Russland. (...) Man flüsterte sich ins Ohr, das geschehe auf Befehl der Kaiserin." Baron Korff stand in russischen Diensten und brachte das Gemälde der Zarin Elisabeth, die die Heirat der Fürstentochter mit dem russischen Thronfolger plante und sich so ein Bild von Sophie Friederike machen konnte. Es war wohl ein ähnliches Porträt wie das hier im Europazimmer.

Geheimtür

Das Silhouettenzimmer 14

An das Schlafzimmer der Herzogin grenzte natürlich das **Ankleidezimmer** an. Die vier **Hinterglasmalereien**, die diesem Raum den Namen gaben, wirken wie Scherenschnitte. Sie wurden aber einfarbig schwarz direkt auf das Glas gemalt. Sie zeigen Szenen aus dem Leben adeliger Damen am Hof. Eine aufwändig gekleidete Dame sitzt am Lesepult und

Hinterglasmalerei „Vorlesung"

liest ihrem Schoßhund oder einem Meerkätzchen (= eine Affenart) gebärdenreich aus einem Buch vor. Diese Tiere und auch der abgebildete Papagei waren beliebte Haustiere hochgestellter Damen und galten als Statussymbole. Eine weitere Hinterglasmalerei zeigt Herzogin Ulrike Friederike Wilhelmine. Sie begutachtet zwei Scherenschnittporträts ihres Gemahls Fürstbischof Friedrich August, die dieser ihr zeigt.

Hinterglasmalerei „Scherenschnitte“

Die gläserne Informationswand

EIN MUSEUM ERFINDET SICH NEU

Alle Museumsräume werden in den kommenden Jahren umgestaltet. Eine mediengestützte Präsentation soll die Geschichte des Schlosses zeitgerecht vermitteln und ergänzende Informationen erlebbar machen. Gleichzeitig wird aber Wert darauf gelegt, dass das unverwechselbare, historische Erscheinungsbild des Schlosses und seiner Zimmer erhalten bleibt. Mit dem sogenannten **Scharnierraum** mit seiner

gläsernen, an einen Bildschirm erinnernden Wand 15 und dem angrenzenden Gottorfzimmer wurde diese Neugestaltung begonnen.

Die **„gläserne Wand“** informiert über die Zeit der Aufklärung und die absolutistische Regierung im Fürstbistum Eutin. Eine ausgelegte Broschüre erläutert und vertieft die Informationen.

Hinter der „Schwarzen Wand“ verbergen sich große Einbauschränke. Dort wurden Bettwäsche, Tischdecken, Handtücher und Geschirr aufbewahrt.

Kachelküche

Delfter Fliesen

Die Kachelküche 16

Der mit kobalt-blauen und braunen **Delfter Kacheln** geflieste Raum diente als private Küche. Hier wurden Tee, Kakao oder kleinere Speisen gekocht und Mahlzeiten warmgehalten oder aufgewärmt. Kacheln aus Delft gehörten als Wandverkleidung zur Wohnkultur in einem Schloss. Sie waren äußerst begehrt. Es gibt verschiedene, meist niederländische Motive. Eines zeigt beispielsweise mehrere Personen beim Schlittschuhlaufen mit den alten holländischen

Schöfels (= Holzschlittschuhen), ein anderes einen Leuchtturm mit brennendem, offenem Signalfeuer im hängenden Korb an seiner Spitze. Da sie einzeln mit der Hand gemalt wurden, waren sie sehr teuer. Auf dem gewaltigen Herd steht originales Zinngeschirr von ca. 1750.

PRINZESSIN SOPHIE FRIEDERIKE UND DIE MILCHSUPPE

ls Enkelin des Fürstbischofs hristian August war die kleine rinzessin Sophie Friederike, ie spätere Zarin Katharina die roße, mehrere Male zu Beuch in Eutin. Sie traf dabei uch zum ersten Mal ihren späeren Ehemann Karl Peter Ulich. Als Zarin beschrieb sie das päter folgendermaßen:

„Nach kurzem Aufenthalt n Hamburg, wo es alle Tage eue Vergnügungen gab, reisen wir nach Eutin. Der Fürst atte aus Kiel sein Mündel, den damals elfjährigen Herzog arl Peter Ulrich, dorthin mitgebracht. Hier sah ich also den erzog, der später mein Gemahl geworden ist, zum ersten Mal! Er machte damals einen wohlerzogenen und aufgeweckten Eindruck, doch man bemerkte bereits die Neigung für den Wein und den Widerwillen gegen alles, was ihm irgendwie unbequem war. [...], mich aber konnte er nicht leiden; [...] Ich kümmerte mich wenig um ihn, denn ich war sehr beschäftigt: Zweimal am Tage zwischen den Mahlzeiten machte ich mit den Frauen meiner Großmutter Milchsuppe, die ich dann verzehrte. Bei Tisch war ich sehr bescheiden bis zum Dessert; Konfitüren und Früchte beschlossen dann meine Mahlzeit. Weil ich mich gut betrug, bemerkte man meine Lebensweise nicht einmal und ich hütete mich, davon zu reden."

Das Gottorfzimmer 18

Auch das Gottorfzimmer zeigt sich bereits in neuer Ge stalt: Durch Licht, Musik und Mitmachstationen soll die Atmosphäre erlebbar werden, wie sie zur Zeit der Herzöge spürbar war. Der Raum wurde für Abendgesellschaften

genutzt. Die Herzogsfamilie traf sich hier mit Gästen. Es wurde Musik gemacht, gespielt und vorgelesen. Die Porträts zeigen Eutiner Fürsten und deren Verwandtschaft, also die Ahnen der heutigen Herzöge von Oldenburg. Es war damals üblich, so viele Gemälde so eng über- und nebeneinander aufzuhängen.

Ahnengalerie im Gottorfzimmer

Die Ahnenreihe beginnt mit dem Herzogspaar Christian August (A auf dem Foto der Ahnengalerie) und seiner Gemahlin Albertine Friederike, geborene Prinzessin von Baden-Durlach (B). Sie hatten elf Kinder und waren die Großeltern der späteren Zarin Katharina der Großen (C). Einer ihrer Söhne war Herzog Friedrich August (D). In seine Regierungszeit fiel der Tauschvertrag von 1773, so dass er der erste Herzog von Oldenburg war. Der in Eutin sehr beliebte Herzog Peter Friedrich Ludwig ist gleich zweimal vertreten (E und F).

A
B
D
F
H
L
I
M
G
C
E
K
N

HERZOG PETER FRIEDRICH LUDWIG UND DAS „WEIMAR DES NORDENS"

Der Herzog wird abgekürzt liebevoll PFL genannt. Er regierte 44 Jahre und wurde als sorgender Landesvater von seinen Untertanen deshalb auch als „Vater Eutins" gepriesen. „Man findet unter hundert Fürsten nicht einen, wie er ist", schrieb eine Chronistin.

PFL war nicht von Geburt an zum Landesherrn bestimmt. Da der Sohn Peter Friedrich Wilhelm (G) seines Onkels, Herzogs Friedrich August (D), psychisch erkrankte und für nicht regierungsfähig erklärt wurde, übernahm PFL die Regentschaft. 1781 heiratete er die Prinzessin Friederike von Württemberg-Mömpelgard (H). Der erste Sohn des Paares ist Paul Friedrich August (I). Der zweite Sohn Peter Friedrich Georg (K) starb an Typhus. Nach der Totgeburt eines dritten Kindes starb die Herzogin 1785 im Alter von zwanzig Jahren. „Glück kenne ich nicht!", schrieb PFL dahe selber einmal.

Peter Friedrich Ludwi hasste höfischen Prunk. Durc seine weltoffene, menscher freundliche Einstellung wa er seiner Zeit weit voraus. E berief viele berühmte Künstle und Gelehrte aus dem Freur deskreis um Goethe an seine Hof. Noch heute schmück sich Eutin daher mit dem Tite „Weimar des Nordens".

PFL's Sohn Großherzog Pau Friedrich August (I) setzte di kulturelle Tradition seines Va ters fort und hielt enge Verbin dung mit dem Goethekreis unc dem Herzogshaus in Weimar wo er oft zu Besuch war. Seir Leibkammerdiener erzählte „Ein großer Genuß war's ihm (= dem Großherzog), wenn e im Frühjahre oder Herbst eine Reise nach Weimar macher und sich daselbst so recht mit den dortigen hohen Herrschaften unterhalten konnte."

Herzog Peter Friedrich Ludwig persönlich hat die so genannten **„Eutiner Stühle“** mit dem Knick in der Armlehne entworfen. Von einer Englandreise brachte der Herzog die lichtblauen **Wedgewood-Vasen** mit. Seine Stühle, die Vitrinen und die Tische unter den Spiegeln haben diese Farbe übernommen.

Der **Rokoko-Kronleuchter** von ca. 1750 ist aus böhmischem Kristall. Er trägt 48 Kerzen. Kerzen waren sehr teuer, weil das Wachs überwiegend aus Russland importiert werden musste.

Mitten im Raum finden sich zwei neu gestaltete Spieltische, die nach dem originalen **Spieltisch** in der Fensternische gestaltet wurden. Hier sind Besucher eingeladen, selbst eine Runde „Mühle“, „Dame“ oder das norddeutsche Kartenspiel „Poch“ zu spielen.

Der originale Spieltisch im Gottorfzimmer

DIE FAMILIE DES HERZOGS PAUL FRIEDRICH AUGUST

Die zwei Pendantgemälde des Herzogs Paul Friedrich August (I) und seiner ersten Gattin Adelheid schuf 1817 der berühmte Maler Tischbein. Adelheid von Anhalt-Bernburg-Schaumburg (L) starb nach kurzer Ehe bereits mit zwanzig Jahren. Danach heiratete der Herzog ihre Schwester, Ida von Anhalt-Bernburg-Schaumburg (M). Im Sommer 1827 wird der Thronfolger Nikolaus Friedrich Peter geboren. Der Leibkammerdiener berichtet: „Schon im Nachsommer bewölkte sich der Glückshimmel, denn unsere Frau Erbprinzessin fing an zu hüsteln, bekam nach und nach eine schlechte Farbe, war oft fröstelnd, [...], und ehe es Winter wurde, wusste Jedermann, daß die verehrte gute Frau die Schwindsucht hatte." So verlor er Herzog auch seine zweite, rst 24 Jahre alte Gemahlin. ach vielen Jahren heiratete er n drittes Mal, um seinen drei indern wieder eine Mutter u geben. Aber auch Prinzessin Cäcilie von Schweden (N) erstarb mit 37 Jahren im dritten Kindbett. Der Hofchronist erzeichnete ihren Tod etwas istanziert: „Milchversetzung ns Gehirn war die Todesursahe, die Herzogin hatte sich während der Schwangerschaft wohl zu wenig Bewegung genacht, sie saß fast den ganzen ag, zu Fuß haben wir sie in len letzten Jahren in der Stadt ar nicht gesehen, vom Reien war sie schnell wieder ab ekommen. Sie überließ sich dem regungslosen Hinsitzen, es war widernatürlich und konnte keine guten Folgen haben."

Diese Ansicht vertrat wohl auch der Großherzog, der sich n einem Brief folgendermaßen äußerte: „Das ist die einzige Sache, in der wir niemals übereinstimmten. Der einzige Punkt, der mich recht wehmütig stimmte, denn ich hatte die Ahnung, daß es ihr nicht bekommen würde." Ein paar Zeilen weiter nennt er es „die Bewegungslosigkeit der Treibhauspflanze".

Auch Herzog Paul Friedrich August selbst lebte nicht sehr gesund. Er litt an Übergewicht und Gicht. Sein Leibkammerdiener beklagte, dass „er sich in seinen letzten Lebensjahren so ganz vom Gehen entwöhnt hätte. [...] Der gnädige Herr mochte nun einmal nicht gehen; [...] auch nicht gerne magere Speisen genießen. [...] Bedenkt man [...] den vielen Zucker, den der Herzog genoss, und [...] das viele auf dem Stuhle sitzen dazu, so wird man wohl einräumen müssen: dass die angeführte Lebensweise gerade nicht die beste war. Wie wohltätig z. B. tägliche Körperanstrengung und magere Kost ist, kann man am besten bemerken bei den Arbeitsleuten, die nie dicke Leiber und auch nie Podagra (= Gicht) bekommen."

Das Tapetenzimmer 19

Im Tapetenzimmer versammelte sich der Hofstaat mit seinen Gästen, bevor man mit einem vorgeschriebenen Zeremoniell ins Speisezimmer schritt. Die biedermeierliche Blumendekoration der **Tapete** ist „wiederverwendet“ worden: Alle Blüten und Ranken wurden genau aus der ursprünglichen Tapete ausgeschnitten. Danach wurde alles auf die neue, blaue Tapete zwischen die gemalten Säulen aufgeklebt.

ZEREMONIELL BEIM ABENDESSEN

Auch in Eutin wurde ein strenges Hofzeremoniell eingehalten. Ein Beispiel dafür ist die „Handschuhabgabe“: Ein Abendessen mit Gästen wurde in festlicher Kleidung eingenommen. Die Damen legten ihre dazu gehörenden langen Handschuhe vor Eintritt ins Speisezimmer ab. Die Hausherrin und die ranghöchste Dame des Abends gaben ihre Handschuhe einem Kammerherrn, der sie auf einem goldenen Teller an einen Hofjunker weiterreichte. Dann traten sie mit ihren Tischherren zuerst ins Speisezimmer. Den weniger bedeutenden weiblichen Gästen nahm „nur noch“ ein Kavalier die Handschuhe ab, die auf einem silbernen Teller nur an einen Pagen weitergereicht wurden. Die Tabletts wurden auf einem bereitstehenden Tisch der Rangfolge nach abgestellt.

Das Speisezimmer 20

Seit 1850 wurde dieser Raum als Speisezimmer genutzt Auf den kleinen **Konsolen** an den Wänden standen die wertvollen Stücke einer großen Porzellansammlung. Hinter den **Wandtüren** und in den Schränkchen unter den Fenstern sind Regale verborgen. Wenn viele Gäste zu bewirten waren, ließ sich die Tafel mit halbrunden, hölzernen Ansatzteilen, die von außen an die Tischplatte geschoben wurden, mehrfach vergrößern. Die Tür rechts neben dem Eingang führt in ein kleines Anrichtezimmer 21. Von dort gelangte man über eine Wendeltreppe direkt in die darunter

FRANZÖSISCHE TAFELSITTEN

Beim Essen an einer Hoftafel bediente man sich lange Zeit nach „französischem Brauch". Es gab keine von Dienern nacheinander servierte Speisefolge. Alle Gerichte, die an dem Abend gegessen werden sollten, wurden in Schüsseln auf den Tisch gestellt. Jeder Gast musste sich selber darum kümmern, was er wann essen wollte. In der Regel schickte man einen Bediensteten zu demjenigen, vor dem das Gewünschte stand. Und selbst hohe Herrschaften füllten aus den vor ihnen stehenden Schüsseln auf die anderen Teller. Jeder Gast erschien deshalb stets in Begleitung eines Bediensteten. Und es hing von dessen Geschicklichkeit ab, ob seine Herrschaft satt wurde.

Das Speisezimmer mit Kronleuchter, Konsolen und Wandschränken

liegende Schlossküche (22). Die den Tisch schmückende Blumengirlande wurde einer festlichen Tafeldekoration nachempfunden, wie Zarin Katharina die Große sie in ihren Schlössern verwendet hat. In der Mitte eines prunkvoll gedeckten Esstisches prangte ein mehrteiliger Tafelaufsatz aus Porzellan oder Silber, der mit frischen Blumen und Skulpturen geschmückt war und auf dem Schalen für Gewürze und Konfekt, die teuersten Bestandteile eines herrschaftlichen Mahls, abgestellt wurden.

Der Rittersaal ㉓

Der größte Raum des Schlosses ist der Rittersaal. Er wurde für Festlichkeiten wie Bälle, Galadiners, Theateraufführungen und Konzerte genutzt. Um große Gemälde aufhängen zu können, wurde hinter die Fenster zum Innenhof eine Wand eingezogen. Als Blindfenster blieben sie nach außen erhalten, damit es in der Hoffassade keine zugemauerte Wand ohne Fenster gab. An dieser Wand hingen bis zu 86 zum Teil großformatige Bildnisse. Die alte Postkarte vom Anfang des 20. Jahrhunderts vermittelt einen Eindruck davon.

Der Rittersaal

An einer Schmalseite hängt der 1646 geschaffene **Stammbaum Christians I.**, des ersten Königs von Dänemark, Norwegen und Schweden, Herzogs von Schleswig und Grafen von Holstein aus dem Hause Oldenburg. Abgebildet ist die Stammlinie des dänischen Königshauses und der Herzöge von Schleswig-Holstein-Gottorf samt Nebenlinien. Diese Darstellung ist bemerkenswert, weil auch die jeweiligen Wappen mit abgebildet sind. Das ermöglicht trotz der oft gleichen Namen eine genaue Identifizierung der Personen.

Alte Postkarte vom Rittersaal

DIE EHE DES BISCHOFS HANS

Zwischen den Fenstern im Rittersaal hängt das Bildnis des dicken Fürstbischofs Johann von Schleswig-Holstein-Gottorf. Er wurde wegen seines sozialen Engagements hochgeachtet und deshalb vom Volk liebevoll **„Bischof Hans“** genannt.

Bischof Hans litt an Gicht und erheblichem Übergewicht sowie an einem schlecht verheilten Armbruch. Zeitweise konnte er seine Arme und Beine nicht bewegen. Auch seine Ehe war nicht glücklich. Er heiratete die dreizehn Jahre jüngere Prinzessin Julia Felicitas von Württemberg-Teck. Bald nach der Hochzeit stellten sich bei ihr die ersten Anzeichen einer Geisteskrankheit ein. Die Herzogin soll „übermäßig hoffärtig, unglaublich boshaft und höchst undankbar“ gewesen sein. Sie hatte oft Anfälle. Dann verwüstete sie ihre Zimmer, indem sie Bettzeug, Spiegel, Uhren und Bücher aus dem Fenster in den Wassergraben warf. Nachts schlich sie mehrere Male an das Bett ihres Gemahls und versuchte, ihn mit dem Schwert zu erstechen. Nur das Eingreifen des Pagen rettete den Herzog. Die Ehe wurde 1653 nach fünfjährigem Rechtsstreit geschieden.

Die Gästezimmer 24 bis 29

Jeder Besuch bedeutete eine willkommene Abwechslung am Hof. Besonders zu den Jagden im Herbst wohnten im Schloss zahlreiche Gäste. Als geborene Prinzessin von Oldenburg war auch Königin Amalie von Griechenland des Öfteren bei Vater und Bruder zu Gast. Da sie im Eutiner Schlossgarten Palmen pflanzen ließ, ging sie als **„Palmenkönigin"** in die Familiengeschichte ein.

Das linke Doppelportät im ersten Gästezimmer 24 zeigt rechts die spätere Königin von Griechenland, Prinzessin Amalie, und ihre Schwester Friederike. Auf dem Porträt der kleinen Söhne des Herzogs Peter Friedrich Ludwig trägt der Jüngere noch ein weites Kleidchen ohne Unterwäsche. Die mit Intarsien verzierten Möbel von ca. 1820

Blick ins Biedermeierzimmer mit dem Doppelporträt der zwei Prinzessinnen

Der Gelbe Salon

Biedermeier-Stuhl

im Stil des „Hamburger Biedermeier" gaben dem Raum seinen Namen „Biedermeierzimmer".

Im folgenden Gästezimmer 25, befindet sich unter anderem ein **Altersporträt** von Zarin Katharina der Großen in Staatsrobe und mit dem russischen Andreasorden (vgl. Abb. auf dem hinteren Umschlag). Nachdem Katharina nach Russland geheiratet hatte, war sie allerdings nie

Das Gobelinzimmer mit Tischbeinofen

mehr zu Besuch in Eutin. Sie hat die Gästeräume nur als junges Mädchen zusammen mit ihrer Mutter bewohnt.

Den Gelben Salon (26) nutzten alle Gästen als Wohnzimmer. Die **Vorhänge** aus gelber Seide wurden nach alten Abbildungen rekonstruiert. Sie sind farblich mit der originalen Polsterung der Sitzmöbel abgestimmt. Der wuchtige **Barockschrank** aus Eiche stammt aus dem 18. Jahrhundert.

Die prächtigen **französischen Gobelins** des angrenzenden Gästezimmers (27) wurden vermutlich im 17. Jahrhundert in einer Versailler Werkstatt hergestellt. In der

Das Paradebett

Der Toilettenschrank

Ofennische steht einer der berühmten **Tischbein-Öfen**. Viele Zimmer des Schlosses sind mit diesen klassizistischen Öfen ausgestattet. Hofmaler Johann Heinrich Wilhelm Tischbein lieferte die Entwürfe für die Dekorkacheln und die Schalen und Vasen. Die Öfen waren für ihre ausgezeichnete Heizleistung bekannt. Sie sorgten darüber hinaus für ein gutes Raumklima, da in den Vasen oder Schalen enthaltene Duftpotpourris für angenehme Gerüche in den Räumen sorgten.

Im nächsten Gästezimmer (28) steht ein um 1760 geschaffenes **Paradebett** aus bemalter und vergoldeter Eiche mit einem hohen Betthimmel aus rotgoldener Lyoner Seide.

Laut Überlieferung ist es für einen geplanten Besuch König Friedrichs II. von Preußen angeschafft worden, der dann allerdings nicht stattfand.

In einer Ecke des folgenden Gästezimmers (29) befindet sich ein „modernes" Badezimmer – ein **Toilettenschrank**. Er wurde eingebaut, als Nachttöpfe unmodern wurden. Darin stand ein Toilettenstuhl, bis dann später sogar eine Wasserspülung eingebaut wurde. Um diesen „Zweckeinbau" zu kaschieren, stand in der gegenüberliegenden Zimmerecke ein leider nicht mehr vorhandener Pendantschrank gleichen Aussehens aber mit richtigen Schubladen.

Die Schiffsmodelle (30)

Die drei **Schiffsmodelle** stammen aus dem frühen 18. Jahrhundert und sind vermutlich als Erbstück ins Eutiner Schloss gekommen. Sie sind bis in alle Einzelheiten originalen Schiffen nachempfunden. Das größte Modell war das Flaggschiff der russischen Ostseeflotte. Diese Schiffsmodelle waren kein Spielzeug, sondern dienten als Baupläne für den Schiffsbau. So veranlasste Zar Peter der Große nach der Gründung St. Petersburgs die Einrichtung einer Werft. Er ließ dort viele Handels- und Kriegsschiffe bauen.

Der Schloss- und Küchengarten 31

Das Schloss liegt direkt am Eutiner See inmitten einer großzügigen Gartenanlage. Den einzigen direkten Zugang vom Schloss zum Garten ermöglicht das sogenannte Terrassenzimmer 32. Man betritt zunächst die weitläufige **Südterrasse**, von der die mit Vasen geschmückte Brücke in den Schlossgarten führt.

Im Auftrag von Fürstbischof Christian August gestaltete ab 1716 der Oberlandbaudirektor Johann Christian Lewon einen **französischen Garten**. Entlang eines Wasserlaufs

Kupferstich von Christian Lewon von 1743

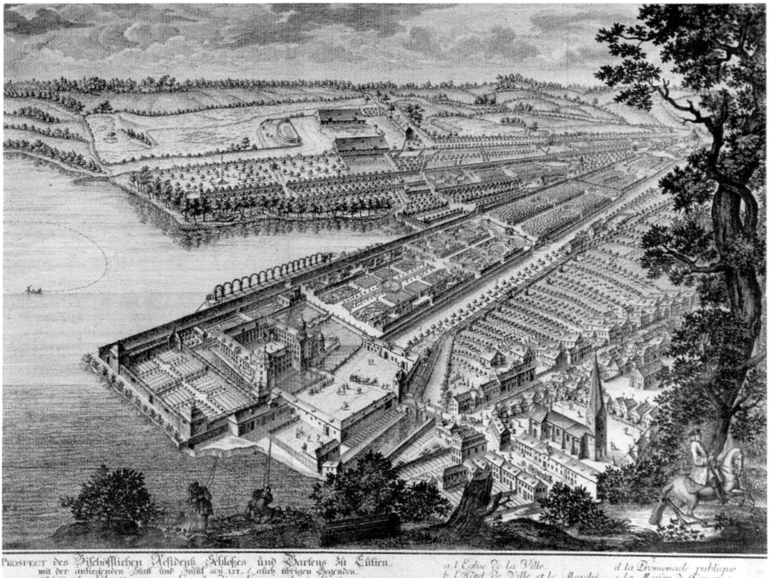

entstand ein geometrischer Terrassengarten mit Heckentheater, Gartenpavillons und Wasserspielen. Auf einer **Kupferstichserie** von Lewon ist dies zu erkennen. Auch der damalige Gebäudebestand des Schlosses, einige Straßenzüge des Städtchens und der Markt mit dem alten Rathaus mitten auf dem Platz wurden wirklichkeitsgetreu dargestellt. Hinzu kamen aber einige unrealistische Ergänzungen, wie die viel zu großen Bauwerke auf der kleinen Fasaneninsel und der Großsegler auf dem Großen Eutiner See.

Der französische Terrassengarten

Tuffsteinhaus

Herzog Peter Friedrich Ludwig ließ von 1787 bis 1803 die Gartenbereiche deutlich verändern und in den noch heute existierenden **Englischen Landschaftsgarten** umwandeln. Brücken, Tempel, eine Eremitage in Form einer Grotte, eine **Lindenallee** und ein Monopteros sowie eine exakt kalkulierte Wegeführung symbolisieren Tages- und Jahreszeiten sowie Weisheit, Stärke und Schönheit. Insgesamt liegt der Anlage ein ausgeklügeltes, philosophisches Konzept zu Grunde, das auf den ersten Blick nicht erkennbar ist. Es beinhaltet auch Aspekte freimaurerischen Gedankengutes. Mit diesem Gartenkunstwerk schuf sich das Denken der Aufklärung das wichtigste Denkmal in Schleswig-Holstein.

Blick vom Torturm über den geschwungenen Turmhelm (= welsche Haube) des Rundturmes in den Park

Der aufgeklärte Herzog machte Teile des Gartens auch zum ersten Mal der Öffentlichkeit zugänglich, um seine Untertanen kulturell zu bilden.

Hinter dem herrschaftlichen Gartenteil beginnt der Küchengarten 33, der die Schlossküche mit Obst und Gemüse versorgte. Er ist durch eine Mauer vom Schlossgarten abgetrennt, die ein milderes Klima und damit bessere Bedingungen für den Anbau schuf. Im Küchengarten finden sich das sogenannte Neuholländerhaus 34 und die Orangerie 35. Hier überwinterten die empfindlichen Kübelpflanzen. Im Sommer wurde die Orangerie auch als Theater genutzt. Es gab auch Ananashäuser und ein spezielles Weinhaus zur Zucht von Trauben zur Tafeldekoration. Bis 2015 wurden Schloss- und Küchengarten aufwändig wieder hergerichtet und sind der Öffentlichkeit als Erholungs- und Lernort zugänglich.

Abbildungsnachweis

Landesamt für Denkmalpflege Schleswig-Holstein:	Seite 7
Thorsten Mischke, Kiel und Svenja Schwardt, Hamburg:	Seiten 14/15, 16, 22, 23, 24, 25, 26, 28 (o.), 31, 34/35, 38/39, 40/41, 43, 50, 54
Dr. Wolfdieter Schiecke, Eutin:	Seite 27
Stiftung Schloss Eutin:	Seiten 4, 8, 36 (o.), 46, 51, 53, 54 (Vignetten), 55, 56, 58, 59 (l.)
SylentPress:	Umschlag vorne
Ina Steinhusen Glücksburg:	Umschlagklappe vorne, Seiten 5, 11, 13 (o.), 13 (Vignetten), 19, 21, 28 (Vignetten), 29 alle, 32, 33, 36 (Vignetten), 49, 52, 56 rechts, Umschlagrückseite
Ulrike Unger, Schloss Eutin:	Seiten 1, 3, 60, 61, 62

Impressum

Texte: Tomke Stiasny
Redaktion: Tomke Stiasny, Friederike von Cossel
Lektorat, Gestaltung, Satz: Rüdiger Kern
Druck und Bindung: Lanarepro, Lana (Südtirol)

Bibliografische Information der Deutschen Nationalbibliothek
Die Deutsche Nationalbibliothek verzeichnet diese Publikation in der Deutschen Nationalbibliografie; detaillierte bibliografische Daten sind im Internet über http://dnb.de abrufbar.

Paul-Lincke-Ufer 34
D-10999 Berlin

www.deutscherkunstverlag.de
ISBN 978-3-422-02431-1